उपनगर में वापसी

उपनगर में वापसी

बलदेव वंशी

शब्दसृष्टि प्रकाशन

ISBN : 81-88566-20-9

शब्दसृष्टि प्रकाशन

तृतीय तल, 21-ए, अंसारी रोड

दरियागंज, नयी दिल्ली-110002

द्वारा प्रकाशित

संस्करण : 2017

मूल्य : ₹150.00

जय भारत प्रिंटिंग प्रेस, शाहदरा, दिल्ली-110032

द्वारा मुद्रित

शब्दसृष्टि प्रकाशन, वाणी प्रकाशन की सहयोगी संस्था

वक्तव्य

वर्तमान भारतीय परिप्रेक्ष्य में साधारण व्यक्ति के जीवन में बहुविध क्लेशों की व्याप्तियों के समानांतर हिंदी कविता में जो तीखा कटाव उभर आया है, वह तर्क-प्रधान काव्य-मुद्राओं को लेकर आक्रामक प्रकृति का है। मात्र गुस्सा, थोथा और फ़िज़ूल सिद्ध हुआ है। शाब्दिक तनावों तथा घृणा उलीचते उबालों, मसीहाई लताड़ों के विपरीत वर्तमान स्थितियों-दशाओं को लेकर कविता में आन्तरिक स्तरों पर तनाव के सृजनात्मक रूपाकार, नाटकीयता-भरे संवाद, व्यंग्य के तीखे रचाव से उसे बेधक बनाने की प्रवृत्ति व्यापक हुई है। समकालीन व्यक्ति से मानवीय समकक्षता के अभाव में, कविता में, अतिगामी छोरों पर अ-कविताई तथा वामपंथी दुःसाहस ने जो अनर्थ ढहाये हैं, अब उनके परिताप में कविता वैचारिक सक्रियता एवं आत्म-स्फूर्ति को सहृदयता एवं जुड़ाव के जरिए फलीभूत करने में व्यस्त है। लक्ष्यहीनता एवं ढुलमुलपन को छोड़कर विषय के साथ सीधे साक्षात्कार में, स्वयं को व्यापक अर्थों में विवेक तथा समाज-सम्बद्धता की शक्ति से सज्जित करके वह पुनः सक्षम होने की ओर बढ़ी है। मात्र बयानबाज़ी, अंधी लड़ाई की शब्दावली की रटन, कभी भी उपादेय सिद्ध नहीं हुई, न होगी। वैचारिकता का माध्यम अगर कविता को बनना है तो उसे सबसे पहले कविता बनने का प्रयास करना होगा।

यह देखना भी उतना ही ज़रूरी है कि क्रांति या विद्रोह का बाहरी तौर पर विश्वास दिलाती-सी कविताएं अन्तश्चेतना के धरातल पर कितनी छद्म, धोखा एवं जनमानस से कटी हुई सिद्ध होती हैं। बाह्यारोपणों के हाथों पली होने के कारण वे सच्ची संस्कारशीलता से कितनी भटकी हुई हैं या ऐसी रचनाओं की सचाई कवि की नैतिक जिम्मेदारी की सचाई के कितनी करीब है? इस प्रकार उद्दण्ड अहंकार-भाव की गिरफ्त में रचना के छटपटाने तथा सृजनात्मक प्रशांति में रचे जाने में अंतर करना अनिवार्य हो चुका है।

देशीय पहचान देने वाले ऐतिहासिक-सांस्कृतिक अनुभवों में रूपांतरित होकर जीवंत भाषायी मुहावरों के उठान चिर-जयी भी होते हैं, साथ ही रचना को आत्म-स्फूर्त करने और मेधावी होने में भी सहयोग देते हैं। अनुभूति के साथ कवि के सम्बन्ध से भी, परिवेश के प्रति उसके रवैये को, आग्रह को, जाना जा सकता है। वह रवैया विचारणा के स्तर का है या अतिरंजित भावाकुलता का या जोश का या स्नायुगत उत्तेजना भरा ? आज विचार-कविताएं उन्हीं रचनात्मक अंशों में सार्थक हो रही हैं, जहां वे उपरोक्त धारणा के समीप हैं।

आज कविता, मेरे तईं, वर्तमान मानवीय संकट-अन्याय-हिंसा के विरुद्ध लड़ी जा रही व्यापक-बहुमुखी लड़ाई में हिस्सेदारी का माध्यम है। अतः मेरी कविताएं न तो रिपोर्ताज़ हैं, न वे कविता से बाहर जाने में उत्सुक हैं; बल्कि वे आज के संघर्ष को लेकर अधिक से अधिक कविता होने में व्यग्र हैं। इस सिलसिले में ये समकालीन व्यक्ति की जिजीविषा, निस्सहायता, निराशा, करुण-भाव, खीझ, हतोत्साह, बेचैनी, विरोध, आक्रामकता आदि की भीतरी-बाहरी स्तरों पर करवटें लेती सूक्ष्म-तरल-रूक्ष अभिव्यक्तियों के लिए प्रकृति-सत्ता के मानव-कृत एवं वास्तविक तथा उसके उपांगों-क्रियाओं-संकेतों का भरपूर सहयोग लेने की ओर बढ़ी हैं।

वे विचार-कविताएं इसलिए और इन अर्थों में हैं कि वे आज की असलियत का अन्वेषण करती हैं और समकालीन व्यक्ति का, उसके आसपास का, और उसकी सही हालत का बोध कराती हैं और उसे सक्रिय करती हैं। इस बोध की वाचकता वैचारिक मनःस्थितियों में से छनकर आयी है।

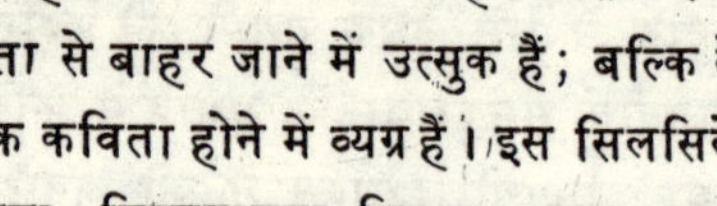

क्रम :

उन सबको
जो
दूसरों के लिए
जूझ रहे हैं
और उनको
जो
इन कविताओं के
पात्र हैं !

उपनगर में वापसी

चलते-चलते
    'तुम कहां हो ?'
    —किसी ने पूछा
बिना उत्तर दिये मैं अपने पीछे छिप गया
उसके सामने एक अधेड़ युवक का लटका हुआ चेहरा था
        जो गाँधी शताब्दी-फ़िल्म की तरह जग-बुझ रहा था
मैं अपने भीतर था (भी)
और नहीं (भी)
उसने गहराई से देखा
घृणा से मुँह सिकोड़ा और कहा—
        'आदमी अपने पीछे छिपा युद्ध हो गया है'
—लगा कि उसने लोकतंत्र में किसी का नाम बुदबुदाया है
मैंने चेहरे का पोस्टर उखाड़ कर सामने रख लिया
उसने उत्सुकता दिखायी
        फैली आँखों में मैं था
        पोस्टर था और सामने रखी
        राख की पुड़िया
वह हँसा !
उसकी हँसी का रहस्य
कहीं हिरोशिमा था, कहीं नागासाकी
कहीं वियतनाम और कहीं भारत
दरअसल वह हँसी पहले जमती हुई मोम में बदल गयी
फिर धीरे-धीरे पुराने पलस्तर की तरह भुरभुराने लगी
फिर मात्र क्रमहीनता का एहसास...

× × ×

शोर की घनी परतों पर यह जो
गर्म लकीरों से लिखा है चौराहों पर—
        'अपने बायें चलो'
        यह आदमी के निकट पड़ता है उबलती नदी का सहवर्ती भाग
किन्तु अफ़सोस है
आदमी सही नारा भी नहीं हुआ
अब किसी को नहीं लगती
कविता से चोट
        या बद्दुआ
हवा में पैबंद हो गयी है चीख़
ठंड ने सब को अकेला कर दिया है यहाँ कितना !
                                        कितना !!

वह पक्की सड़क है
    जनपथ
        जो सीधे चलकर
        अब बायें मुड़ी है
        यहीं एक बच्चे के हाथों
        ऋतुएँ खो गयी थीं
        तब से भयभीत वह
        घर ही नहीं लौटा
        किताबें अलग फेंक
        कामकाजी हो गया
यह उपनगर १९५० में बसा। बसाया गया था। है। होगा
यहीं पुराना रेलवे फाटक है   आगे स्टेशन
जब देखो ट्रैफ़िक बंद
और प्रतीक्षा में काँटा झुका है
        किसी चलती फ़िल्म का घिसा हिस्सा
        झटके से रुका है
आगे दायीं ओर यह पहला ब्लाक है
यहाँ एक कुआँ था
    अब !

नहीं है !

कुएँ के पास पीने के पानी की टंकी थी

लड़ते-झगड़ते लोगों की क़तारें थीं

अब !

पानी के साथ

लड़ाइयाँ

घर-घर में बँट गयी हैं

इन इक्कीस वर्षों में

बिलकुल बदल गया है यहाँ का इतिहास

—कहाँ गयीं भूमि को यकसार करने वाली

सतह पर देखती आँखें ?

धरती की पपड़ियां छीलते बुलडोज़र

मज़दूरों के झूमते समूह

धूल उड़ाती बीड़ी बेचने वाली गाड़ियाँ

बरसात के गाने···

अब मद्धिम रोशनियों में पलता धीरे-धीरे बढ़ता

नक़ल में जीता हुआ उपनगर

'पूरा नगर हो रहा है, पट्ठा'

—वही 'सैलर'

वही 'केव'—नये रेस्त्राँ

गर्म सिसकारियों को ओढ़

भरपूर

रंगों-गंधों—उत्तेजनाओं में एकाकार होते

धड़कते पिंडों की सिम्फ़नी—

सिर से नीचे

आधुनिक

वाद्यों में

सुर मिला चिल्लाती धौंकनियाँ···

× × ×

इसी ब्लाक को ले लो

यहाँ जसवन्तू गले में फंदा डाल झूल गया था भरी दोपहरी

बाप अभी दुकान पर बैठा है हर समय मोमबत्तियाँ जलाये
हर मौसम में पंखा डुलाता पाख़ाने में प्रायः चिल्लाते हुए काँखता
हुलहुलाता खोखल अब गिरा !
अब गिरा !

उसके द्वार पर गुलमुहर फूला है डहडहा !
हहहा !

किन्तु उसके पास अब कोई रंग चलकर नहीं आता
—मौसम के साथ समय भी मर गया है देहरी पर
यहीं नगर की आधारशिला है
जिसके निकट अब भी
नेहरू-युग का पागल गठरी-सा पड़ा है
योजनाओं के धमाके से उसी का
संतुलन उड़ा है
उसके निकट पड़े हैं
बिजली के तार
पिछले अंधड़ में उड़ी
मकानों की सीमेंटी चद्दरों की छतें
पूरे उपनगर में वही एक स्वतंत्र है
हवा की तरह
बेमतलब घूमता पागल
जब देखो यहाँ
वहाँ
कुछ बो रहा है
नुमायशी रंगों की तरह सूखता है
धीरे
धीरे
सिकुड़ती हैं नसें
और फिर देखते-देखते
कुछ ठोस संग/मर/मर हो रहा है
आस-पास
घना हो कर

गिर

रहा

है

नीचे

कभी वह भूख की तरह

हँसकर

सफ़ेदी की तरह

गंभीर हो जाता है

अब, जबकि सभी पर्याय बिखर गये हैं

पागल नागरिक की कोटि में आता है

उसके जिस्म पर

लाल और सफ़ेद चींटियाँ

रेंग रही हैं एक साथ

क्या नागरिक होना

यों निरीह होना है ?

बाज़ू, टाँग या शरीर का कोई हिस्सा खो कर हँसना

हकलाना

या सोना है ?

कोई भी नगर ऐसा नहीं होता

और जब भीतर आग लगी हो

चुपचाप नहीं सोता !

—'आज ऐसा सम्भव है कहीं ?'

—'वाह ! इसका मतलब ग़लत ही ठीक है !'

तुम, कम-अज़-कम मर सकते हो !'

—'मैं बहस में नहीं पड़ता

मुझे जाने दो

तुम्हारा जो मन कहे, करो

यहाँ कौन पूछता है

अब वायदों और फ़ायदों में बात करना निहायत मूर्खता है

और हाँ ! तुमने ग़ज़लों के साथ

कठपुतली का नाच कभी देखा है ?

मरना 'उतना ही झूठ हो गया है
अब हँसी न आये तो
बग़लों में मेंढक दबा कर हँसो
और रोना हो तो
कुहनी के नीचे गावतकिया...

× × ×

यहाँ एक बिना बाँहों का लड़का था। अब
जवान है—भगतू कुबड़ा
पसलियों में समा गये हैं कंधे
और पीठ पर उभर आयी है हड्डियों की गाँठ
पैरों से रोटी पकड़ने की वजह से
अधिक मुड़ा है बरसातों में
टीन की छतों-सा बजा है
और गर्मियों में
भूसे-सा दूर-दूर तक उड़ा है
इस समय वह धुआँधार भाषणों में
कॉमा-सा व्यर्थ है
किसी बम-कांड में झुलसे गिलगिले चेहरे-सा वह उभरता है
थरथराहट के बाद
थोड़ी देर काँप कर
किसी जोहड़ में डूबता है
इस नगर के एक ओर रेल-पटरियाँ हैं
दूसरी ओर बरसाती नाला
मध्य में छितराये
अपनी ही विष्ठा में धँसी भैंसों के बाड़े।
श्मशान तक फैल गया है उपनगर
जिसमें खप गये हैं खेत-खलिहान
अवैध आबादी और पानीदार कुएँ
कँटीले टेढ़े-मेढ़े झाड़ किसानी गीत
अब तारकोल—ईंटें-रोड़ी-सीमेंट का
शतरंजी खेल है शेष

चौपड़ पर प्रायः झुके हुए बूढ़े
फिसलती गोटियाँ

× × ×

इसके नीचे कुओं में दफ़न है युवा-मन
स्थान और समय के एक बिन्दु पर
खड़े हो इन्होंने भरी है कुओं की गहराई
—आवारा पशुओं के शव
संक्रामक रोगियों के वस्त्र
कूड़ा बीनती लड़कियाँ
बलात्कारों-हत्याओं के चिह्न
पिछवाड़े से फेंके लोथड़े···
इनके चारों ओर भाँभरी लेते
बचपन की धूलों और भूलों में
समान थे। साबुत। छोटे
बड़े
होते-होते
एक की आँखें नहीं रहीं
दूसरे की जीभ
तीसरे का धोखे की तरह बैठ गया कंधा
चौथा गहरे बिंधे पक्षी-सा चक्रवात में फँसा
गाते हुए रोता है
घुन खायी पसलियाँ निकल जाने पर
झुकता है कंधा। झुके कंधे वाला आदमी
कैसा होता है ?

× × ×

कभी-कभी इसके किनारों को गिराती है बरसाती नाले की धार
वैसे कुछ भी अनपेक्षित घटने पर यहाँ
अब नहीं होती हैरानी
—बस व्यक्ति अपने ही ऊपर
गिरता है औंधा। पूरा का पूरा
और सँभलते देखते

पानी की एक और शक्ल
मिट जाती है
आस-पास अब भी गड्ढे हैं
जहाँ बरसातों में पानी भरता है
घास उगती है, पशु चरते हैं
—जहाँ अब भी कोई शर्मदार डूब मरता है

× × ×

उप-चुनाव। सब कहीं फैली उत्तेजना
धमनियों में मरोड़ लेता ख़ून नारों में गलता
व्यक्ति ख़ामख़ाह जलता है। यह ऐसी आग है
जो सफ़ेदी पर खिलाती है लाल गुलाब बेतरतीब छींटे
और दिन-रात किसी अज्ञात यातना-सी जलती है
कोई मशाल
नफ़रत की तरह
उठते बगूलों में उड़ते लोग
किरकिरी बन आँखों में भरते हैं
कीच बन बहते हैं…
इन्हीं उप-चुनावों में भटकती हैं वृत्तियाँ
गंदी होती हैं दीवारें :
युद्धरत है चिल्लाते पोस्टरों की सँस्कृति
घाव पर से खुरण्ड छीलता भगतू हैरान है
'भगतू अपंग है'
'कहाँ है उसका वोट ?'
और भगतू एक पर्ची का खिलौना बना
आधे में सफ़ेद
आधे में काला कर
खेलता है धूप-छाँह
दिन-रात
उसे कौन समझाए
पर्ची दिन में पड़ती है
गिनती रात में

और हर समय घोषणाएँ

× × ×

वस्तुओं का अस्तित्व आपस में टकरा कर आज
नहीं पैदा करता कोई तीसरा अस्तित्व
बल्कि टूटने की भौंड़ी आवाज़ें
ख़ालीपन को जाहिली से भर रही हैं
आपसी नंगेपन की ख़ूबसूरती पर
बे-तरह मर रही हैं। दायें से
बायें
चल गयी है हवा (कहने को)
पर मुख्य चौराहे पर बच्चों को लिए खड़ा भिखारी
अब भी
दायें हाथ से माँगता है भीख
अवधि-मध्यान्तर के इन चुनावों में फिर
धूल-धक्कड़ में लिपटी
गाँव-देहातों को रौंद कर आयी कारें
पहले ही की रफ़तार में गुज़र गयी हैं
यह ज़रूर हुआ है कि उपनगर का माहौल
पहले से कुछ गर्म हो गया है और औसत आदर्मा
उतना ही बे-शर्म

× × ×

अँधेरे में जब भी
कुछ इधर से
उधर सरकता है
रोशनी में
छद्म का नया रूप
गिरते-गिरते सँभलता है
आज फिर कोई निगल गया है एक झांसा
किसी तरह
उतार ले गया है
नीचे

गले के ज़हर

ज़हर को काट रहा है
मक्कारी और साहूकारी में संतुलन साधे
विश्वास और विमोह की संधि रेखाओं पर झूलता
पाले-गर्मी के नीचे
बड़ा होता आदमी
शर्म की चीज़ है
चुनाव की नहीं !
उप-समय के ताप में पिघलकर बहते इस आदमी की
सर्प-दृष्टि फोड़ कर देखो
ठंडे सिक्कों की छाप व्यवस्था से गड़ी है
—यहाँ लोहे की छड़ों में बदल रही हैं इमारतें
गारे में मज़दूर
नफ़रत में बच्चे
ईंटों में कारीगर
कमीशन में जमादार
अधिकारी घूसखोरी में
मालिक कोठी में ठाठ में
ठुसव्वल में सब दफ़न हैं
व्यवस्था से
अंटे-सटे
दिन-रात
खट्-खट्, चीं-क्रीं, तोड़-फोड़
—और यों ऊपर उठ रहा है उपनगर

× × ×

जहाँ-जहाँ उपनगर ने सिर उठाया है
औसत आदमी ने वहीं धचका खाया है

× × ×

उपचारों की व्यर्थता में शक की तरह सक्रिय लोग
रात को डरावना बनाती वीरान आवाज़ें

आकाश बुहारतीं एरोड्रम की हरी-लाल रोशनियाँ
—देहात सोये हैं पेट में घुटने गाड़े
        गड्ड मड्ड। बे-होश
लकदक बत्तियों की अव्यवस्थित आबादी
        अर्धचेतन मनसूबों की तरह
        अमीबा-सा फैलाता है नकली पाँव
                                        उपनगर

× × ×

उपचेतना की कंदराओं में फैलता-घुलता
कितना घिनौना हो गया है जीव
अवसर-अवकाश में गल कर बहते हैं अंग
सुविधा की घात में
        लट्-लकार
        दुविधा में ग्रस्त है पूरा व्याकरण
उपजीव्य ही सच है। अब
बदहवास शून्य में
टँगी है धुएँ की छत
न टूटेगी
        न उठेगी ऊपर
        अँगीठियों से छीजता धुआँ
नमी में जकड़ा-तना है
रेंगता हुआ चलता है समानान्तर
        यह हवाई छाता
        यहीं पर बना है
        अकाल और युद्ध में देगा काम
        जैसे बीमारी में उप-राम

× × ×

चलती सड़क के बीच मिला है भगतू
        उखड़ा-उखड़ा। घबराया। जिम्मेदार।
        साठ के कोण पर गिरा चेहरा
        भटकी कातर आँखें। अपनी ही भूमिका में गुल होता

विदूषक। पलकें झपकाता शर्म में डूब मरता हुआ कहता है :
'कहीं नौकरी दिला दो'
बदहवासी में घूमते बत्तीस वर्षों की आवारगी
छाती में सीधे पड़ी ज़ोरदार घूंसों की मार
उपनगर को बालिश्तों में मापने की थकान
सूने गलियारों में घूमती हवा की हाय-हाय
—एक बिंदु पर मिल कर चटख़ते हैं सब
एक साथ

धड़धड़ाती रेल की पटरियों के नीचे से निकल कर
मैं पूछता हूँ उसका अभिप्राय
धचकने लगती हैं मेरी पसलियाँ
दो लम्बे बाँसों पर थिगलियाँ लपेट कर
बनाया गया हौआ
जिस पर सिर की जगह पुरानी हँडिया टिकी हो औंधी
पटरी पर ठीक मेरे सामने खड़ा है वह
हवा में झूलता
आँधी में टूटा तना
वेदना की तरल रेखा
अपनी ही धुरी पर लगातार घूमता
अनुभव खंड

× × ×

हर घटना के लिए चंदों
और छोटे धंधों में तरक़्क़ी पर है
उपनगर। गँवारु सुरों में रामनाम गाते मँगते
हाथों की उँगलियों में टूटे घड़े की टिकुलियाँ बजाते
गुज़र जाते हैं पीछे
पहाड़ी की ओर
जिसकी सरहदों पर बिकता है ट्रक की ट्यूबों में आया
अवैध ठर्रा। इन वर्षों इससे जुड़ा सारा व्यवसाय-तंत्र
पनपा है ख़ूब। दरअसल गये चुनावों में
जहाँ भी गिरी हैं हैलिकॉप्टर की पर्चियाँ

वहीं लहलहाई है कुकुरमुत्तों की फ़सल।
नागरिक के धन और निर्दोष के तन पर
अधिकार की तरह सजग
रात भर गश्त पर तैनात पुलिस
मस्त है चौक में एकत्र
हिजड़ों के गानों में

× × ×

एक भाव है
जो ऐंठते हुए खुलता है और फैलने के बाद
किलकारी मार टूट कर बिखर जाता है। उसे
सँभाले हुए जनतन्त्र की तरह हर वस्तु को दोहराता
जागता है बहुरूपिया
बिचकाता है आँख मौसम।
दूसरों को
नंगा करने के क्रम से गुज़रते
स्वयं नंगा होते (हुए)
मौसम को वक्ष पर झेलना। कई जगह पटक कर उठाना
साथ चलाना और रास्ते की रेत में पैरों का धँसते रहना
फिसलते इरादों के दलदल से निकाल कर आगे रखते ही
पैर
चारों ओर फूटते शोर को
पीठ देकर भागना सम्भव तो होता है
पर रोशनी
चटख़ रंगों में भरती है चमत्कार
सहती नहीं गंदापन
मनहूसियत।
यह एक ज़रूरी बात है
जिसमें खो रहा है उपनगर का भूगोल
चीख़ते हैं वीराने—'हमारा हिसाब करो'
हवा जगह-बे जगह घूमती है आवारा। इस आवारा हवा में फँसा
मौसमों का पीछा करता समझदार हो गया है एक बच्चा

जो उदासी में रहता है। लम्बी सड़कों पर छलाँगता
थका देने वाली वहशत को मुट्ठियों में भींचे
ढलानों पर उतरता
धुआँ उड़ाता···
क्या आप पहचानते हैं इसे ?
ईर्ष्या बन बरसते हुए सूँघ रहा है सब की देह में फूटती
परिचित मिट्टी की गंध
बदरंग बातों के सिलसिले की तरह वह
टूट गया है
जगह-जगह
लम्बा संवाद
शायद यह आँधी की धूल के साथ कहीं से आया है
विस्थापित ! फ़ालतू मनसूबों में बँधा
गट्ठर-सा गिरा है
छोटी-सी परिधि में गूँजता है शोर
—'दौड़ो ! पकड़ो ! देखो !'
—'वह कौन है ?'
—'वह किसका बच्चा है ?'

× × ×

तुमने भँवर में फँसे डूबते आदमी को देखा है ?
ठीक ऐसे ही जीवन को लेकर कुचक्र में फँसे हैं यहाँ के मतदाता
—बँधी टाँगों से उचक-उचक चलते हैं
जूझते
पैरों के नीचे की गीली हवा पर खड़े
भीतर की हड्डियों में कैद
घर लौटते संघर्ष के
पद-चिह्नों को दोहराते
अपने ही साका की स्मृति में चलते
नक्षत्रों से बँधे घूमते घेरों में
आगे-पीछे टूटते···
× ×

दायीं ओर नये रेलवे फाटक पर बन रहा है पुल
रात-भर चलता है काम। काँपता रहता है उपनगर
असाध्य रोगों की तनी
चाबुक की नोंक पर कुलबुलाता
अधर में उठा अमरु
गीदड़-सा रोता है सारी रात
उसकी अर्राहट सीधे आकाश में उठे गर्डरों से टकरा कर
लुढ़कती है नीचे
और चोट खा कर कुँकुआती हुई
घर-घर घूमती
द्वार खटखटाती है
फिर बीमार अमरु के पास लौट
दूसरी बार के लिए पायताने रुकी थरथराती है
—पास ही अमरु का परिवार सोया है
जिसमें लाभकौर है। दो जवान बेटियाँ हैं
कमाऊ ! एक पुत्र है जो दौरे पर रहता है
और इस नुक्कड़ में वह स्वयं पड़ा है :
आवाज़ के मरने का एहसास !

× × ×

माँ की आँखें जा रही हैं
छिन रहा है दुनिया का रूप-रंग
अब उसे याद नहीं रहती संध्या की आरती
दीया-बाती। बल्कि उभर आती है
उछल कर
पैशाचिक हँसी के साथ एक लम्बी रात
तेज़ी से मिचमिचाती आँखों में चमकती गोधूलि
ज़मीन तक झुक आयी अंगूर की बेल
गम्भीरता में तन आया शाम का झुटपुटा
गीलेपन में डूबती है रोज़
जाते दिन की पीली कुम्हलाई रोशनी की आभा
अपनी इन्हीं आँखों के आगे असमय ही मरते

अँजुरी में कितने फूलों को विसर्जित करते
देखी है उसने बहती गंगा की धार
इन लहरों पर बदरंग होते रक्त-कमलों का लेखा
आज किस-किस को सुनाए
अन्धे युग में घुल रही है माँ !

× × ×

मेरे ही रक्त से जुड़ा
हड्डियों के शिकंजे में जकड़ा
'माँसपेशीय क्षरता' में बिंधा
तेरह वर्ष का बच्चा है एक
        दहलीज़ में पड़ा
        चौकी पर बैठकर रेंगता है
        बाहर-भीतर
                निरुद्देश्य
'इसे मरते दस वर्ष लगेंगे'—डॉक्टर का कहना है
इंच-इंच कटना
        दलदल में धँसते रहना। स्तब्ध।
        —क्या वास्तव में यह मरना है ?
या अपराध उगलवाती
जोड़ों पर पड़ी मार को सहना है, निर्दोष ?
थक कर आया उसका बाप
शाम को घर पर नहीं रहता
तिल-तिल मरते बच्चे को आँखों में भर कर भटकता है
ताश के पत्तों में बँटता
लम्बे कशों में खिंचता
        बीड़ी के धुएँ में उड़ता हुआ लौटता है दोबारा
        जबकि घर के बरतनों को चाटकर
        गली के मोड़ पर मिलते हैं ऊँची आवाज़ में रोते कुत्ते
        —और वह साज़िश की तरह घुसता है भीतर

× × ×

—'बाहर मत झाँको।'

—'भीतर मत झाँको।'

फड़फड़ाती हैं वर्जनाएँ

—'तुम्हारी आँखें कच्ची हैं

बाहर आँधी है और भीतर कुएँ की खुदाई'

उन्होंने डरकर सिर भीतर कर लिया। यहीं से शुरू होता है

सीलन, उमस और क्षरता का इतिहास

—'क्या कहा, कुएँ में झाँकने से क्या होता है?'

बाहर से लौटा आदमी पहले अपने पर ही टूटता है

बाज की तरह झपट्टा मार

फिर पहचानता है घर-बार

ख़ौफ़ को निकाल

बाएँ हाथ से

दायीं जेब में भरता है

रास्ते को

नाक पर टिका कर

भागता है सीधा

× × ×

उमस में घुट्ट है आकाश

पीठ पीछे उमड़ते चले आ रहे हैं बादल। उत्तर में

सरकारी कोष से सहायतार्थ पत्र लिखवाता भगतू

कहता है: 'जल्दी करो

ख़राब होने वाला है मौसम'

उसकी पहुँच में हर बार उग आती है बरसात

या आँधी या आलस्य

उसकी आँखों में सूखी नदी का कछार है

'करवत काशी' गाते सूरदास की मुद्रा

और भौंहों पर टिकी मेन रोड

जिस पर चिलचिलाती हैं दुर्घटना की सम्भावनाएँ

पत्र को मेज़ पर टिका

टाँग उठा

उँगलियों में पैन थाम

भगतू पैरों से करता है हस्ताक्षर
और मेरी ओर देख कर हँसता है साभिप्राय
'कितनी तेज़ी से बदल रहा है व्याकरण।'

× × ×

यों उपनगर है मेरा देश
भूगोल पर स्थित
रात में सोया पीपल
(झूलता-जागता उन्माद)
अँधेरे-उजाले के मिश्रण में
निचुड़ कर बहता
पसीजता
अंधड़ और
बारिश के बाद की
करुण स्थितियाँ
खुलती हुईं
भीगी
धुली-धुली...
बड़ी
छोटी
फिर उससे छोटी डिब्बियों को खोलते
बाईस वर्ष बाद
निकला है एक औरांग-उटांग
उछल कर पीपल की टहनी पर बैठ
सलाम बजा कहता है—'सोनार बांग्ला'
गोली की धाँय के साथ छितरा जाती हैं चिड़ियाँ
उपनगर में फैली है बदहवासी
—अब हवाएँ एक ही ओर भाग रही हैं
नाले में आयी है बाढ़
किनारे टूट रहे हैं···
आजकल भगतू ट्रांज़िस्टर को पैरों में पकड़
दिन में सुनता है गाने

और रात को समाचार
यों केवल वही दीखता है लाचार
बाकी सब व्यस्त।

× × ×

पत्थर में गड़ती कील देखी है ?
और जब कोई स्वयं पर ही क़ील-सा गड़ने लगे ?
इस बार मुझे निर्णय लेते देर नहीं लगी
देह पर लगे सभी टाँके काट
समझौते की तरह देह को तोड
मैं युद्ध में शामिल हो गया
लकवा मारी टाँगों को झुलाता
पीड़ा को देह में जगह-जगह खोंसता
क्रूरता में चलता हुआ
ख़ून थूकता
अपने को कितना मार सकता है कोई
—मैं देख रहा था
बंद कमरे में देह की मुहारनी को उलटा पढ़ते
मैं अकेला नहीं था
मेरे साथ मेरा परिवेश और वस्तुएँ
उसी क्रम में निःसत्व हो रही थीं
बहुत देर तक पीछा करने पर
बार-बार सँभलती
खूँख्वार लड़खड़ाती
अँधेरे में भटकती
थक कर गिर पड़ी थी एक चीख़

× × ×

मेन रोड पर चलता हुआ पागल सहसा बड़बड़ाता है।
उप-स्थितियों से ले कर उप-दशाओं तक फैले तंत्र में झूलते
वनैले वर्तमान
विकृत
घुलते हुए

फिर अपनी भीगी कमीज़ को निचोड़ कर
फटकारता हुआ प्रायः चीख़ते हुए कहता है :
कहाँ हो, यार ?
उबकाई आ रही है
मूर्ख !
जल्दी करो !
दृश्य बदलो !!

भोगते हुए

पहाड़ों
नदियों
और उत्तेजित नारों की गति
विधि
: सपाट मैदानों में खड़े व्यक्ति के सामने
खुलते
रंगों की छेड़छाड़ नहीं
ऊबड़-खाबड़
धरती की
धँसानों में फैला
बे-सुरे गलों का बारहमासा है
जहाँ आसमान
केवल अँधेरा फेंकता है
तराईं में
खड़े-खड़े
पसीजते हैं पेड़
और समय के नाल लगे खुरों से खंदे
शरीर वाली जिजीविषा
सफ़ेद फाहे लगाकर
उतरती है
मंच पर
यहाँ
कमर-कमर डूबे
नाक-नाक ऊबे वृक्ष
निथरते दिनों के लिए

ख़यालों में पेंग मारते झूलते हैं
अपनी सुरक्षा-भूमि पर
एक पाँव टिके
दुर्दिन के ताप को भूलते हैं
छिटपुट वारदातों की तरह उठे
उठे
या कोहरे के फ़ौजी कदमों को
हुक्म की तरह
कंधों पर सहते हैं
इसे ही बर्फ़ीले मौसम की
पहली बौछार कहते हैं !

दर्द के बहाने मौसम पर बातचीत

होता यही है
कि सिला हुआ घाव
या लगी हुई आँख असमय खुल जाने पर
देर तक नींद नहीं आती
        तब मौसम की ओर देखना
        उसे कोसना वाज़िब लगने लगता है
रोता हुआ बच्चा गले लगा रहे
                (तब) तो
उसके शरीर में दर्द को टटोलने
हाथ अपने आप चलने लगते हैं
        थपकियों की वाचालता
        और लोरियों की हिमाकत
                नंगी हो जाती है। जब
                रात में बच्चा हाथ-पैर मारे
                और लगातार रोता रहे
यदि रेखागणित से देखें
तो हर भाव एक वृत्त है
क्रूरता के बिन्दुओं को काटती
        जोड़ती हुई रेखा
        वृत्त में बदल रही है
अच्छा है ! दर्द आकार ले रहा है
यह भी अच्छा है
कि तुम उस परिधि में आ रहे हो
इधर
बहुत दिन हो चुके हैं वर्षा हुए

एकदम ख़ाली
सूना पड़ा है आकाश
बेशर्मी की तरह
कोरा का कोरा
कोई गीला-मैला आलेख नहीं
दिनों दिनों दिनों हो चुके
क्या हुआ कभी-कभार
छोटी-मोटी बुंदियाँ गिर गयीं
इस से तो और बढ़ती है उमस
अब पछवा को पुरवा मान लेने
(लेते रहने)
से
नहीं चलेगा
मौसम ही बदले
तो बदले !

गिरगिट

क्षण-क्षण
रंग बदलता
यह आकाश
और यह मौसम
—कैसा गिरगिट है ?
(दाँत गिन ले तो मौत आ जाये)
और फिर दूर क्षितिज में बनीं
ये सिन्दूरी क्यारियाँ
पहलदार
यह कैसी खेती है ?
(कटती है आकाश में
धरती मुँह बाये पड़ी है
बिन रोयी)
तब निर्णय के ख़तरे पर उतरते ही
उतरते
छलाँग जाता है गिरगिट
(उठा हुआ निर्णय
प्रश्नों में गिरता है)
— यह या वह गिरगिट ?
कहाँ है गिरगिट ?
यह खेती ?
किसने बोयी ?
और तब फटे हुए बादल की तरह आँखें तरेर
प्रश्न की तरह तन आया कोई

भरी नज़र से पहली बार देखता है
        आकाश को
        गिरगिट को
        बदलते रंगों को
और
और ऐंठ जाता है !

मौसम का हाल

यह कैसा मौसम है ?
एकदम घुट्ट
जान-लेवा हो रहा है निगोड़ा
और यह छाती पर का फोड़ा
पक आया है अब तो !
और कैसे हैं ये हाथ ?
बायाँ उठता है तो
दायाँ नीचे चला जाता है
एक गवाही में हाज़िर
दूसरा सफ़ेद पुतली-सा मुकर जाता है
देह बँधी है ऐंठती
        लाचारी और बीमारी की जकड़न में पलटे खाती
हाथ खुले हैं
                अलग-अलग
        घूमते हुए भी
        खुले हुए भी
                हो रहे हैं व्यर्थ
        जबकि मौसम का हाल
        बताने वाला आला
        सक्रिय है रात-दिन
                —मानसून आ रहा है गरजता
                खंड-खंड मानचित्र में
                कहो कैसे कहाँ बरसे पहले
                'मैं-मैं' में बँटे भूगोल में

बेचारा मानसून
संयंत्रों के चाराघर में
हाँफता हुआ पूछता है
'आप ही बताओ
पहले कहाँ
कैसे बरसूँ
कितना बरसूँ ?···

पानी जब मरता है

पानी और रक्त की शक्लों के पार
एक मरियल टट्टू की टाँगों से बँधे
घिसट रहे हैं
जबकि समुद्र में तूफ़ान है
टोह लेते कुत्ते पीछे लगे
हैं हवाओं के
रेखाएँ बखूबी चमक रही हैं
धूप में
यहीं बिखरे हैं सूत्र
और तंत्र
जो सीधे
रक्त में खुलते हैं
तहख़ानों में
रक्त-पानी का बे-मेल
खेल
मूर्त्त हो रहा है
कभी रक्त जोर मारता है
तो पानी हार जाता है
समुद्र के उठते ज्वार में
साहसिक यात्राओं पर निकले 'वे'
पालें खोल चुके हैं
और 'ये'
औरों के संकेतों पर उठे
ऐसे ही

होते हैं
रक्त की तरह उठते हैं
दिन में
रात को पानी की तरह सोते हैं
और पालदार नावें निष्कम्प गुज़र जाती हैं
जब
जब
पानी मरता है
इतिहास अपनी निर्जीव तहरीरों का दम भरता है
रक्त-पानी
पानी-रक्त
यों यह बे-मेल
खेल
एकात्म हो
मूर्त हो रहा है। अभी…

आदमी अभी-अभी गुज़रा है

वनैली पगडंडियों की सहमती ख़ामोशी
और पहाड़ी ऊँचाइयों के छद्म घेरों जैसी चक्करदार
चाल में
पलती धड़कनें लिये उठता है
आदमी
ढलानों पर एकत्र पानी सदा
तराई में फूटता है
स्रोतों में
बन्धनमुक्त
नहीं रुकता कहीं आवेग
झरता हुआ पारदर्शी
हो आता है वही
वही जो समझ नहीं आता
पहली बार ! नहीं बँधता
आँखों में। बाँहों में
सदा बाहर रहता है
स्वच्छंद बहता है
ऋतुओं। रंगतों। जुलूसों की पहचान में
मरी परिभाषाओं में नहीं घिरता
सीमेंटी इमारतों में
आदमी
स्रोतों को ढूंढती जहाँ ठिठकती है दृष्टि
वहीं मैली-गीली स्थितियों में रेंगती
मिलती है एक रेखा

लो !
यही है वह स्थल
गहरी छायाओं-हरियाली से घिरा
जहाँ से
आदमी अभी-अभी गुज़रा है...

पोस्टर

चुप्पी और सफ़ेदी के गंदे होते
चीख़ते रंगों में
गुर्राता आदमी
हवा में फड़फड़ाता है
चौराहे पर काँपते हाथों लगा
यह पोस्टर
पहले इसे पढ़ो
शहरी ज़रूरतों के बाहर
ताज़ी हवा की तरह दूषित होता
देवनागरी में लिखा हीनताओं का
यह प्रामाणिक आलेख है
अविश्वासों में गिर कर
खाँस रहा है
सीधी वार्ताओं के बार-बार
टूटे क्रम-सा विफल
काग़ज़ों पर बिछता हुआ
अनेक बार पूछे गये प्रश्नों की तरह
बे-आब होता
गिलगिली हँसी में गलता हुआ
क्या वह ग़ैर-वाज़िब मज़ाक की तरह फूटी हँसी में
घुलता रहेगा ?

नगर परिदृश्य

दो संरचनाएँ

(१) ···फिर एक वृहद् हलचल
ऊँची हाँकों जैसी आवाज़ों में घिरा
हाँफता नगर
गहरे रंगों में
तेज़ साँसों जैसा कुछ
जगह-बेजगह फैला
लय रहित हो कर बजता
छोटे-बड़े गड्ढों को लाँघता
सदा आकार बदलता पानी···

(२) सीमेंट की जाली से
नये सड़क पुल पर चमकती ट्यूबों की कतार
संभावित दुर्घटना सोचते ही
नम हो आयी आँखों में
डूबती रोशनियाँ
सीटी बजाने के लिए ओठों को
गोलाकार बनाते ही ठिठकता
खुले ओठों में
एक शब्द
जम कर शोर बनता
पिघलता
ट
प
क
ता

रैन बसेरा

हड़कम्पी ठिठुरन के मौसम में
बड़ी राहत देते हैं पेट में दुबके घुटने
सिकुड़ी टाँगों चलना छोड़

पटरी तले गड्डमड्ड लेटे लोग
ख्यालों में उड़ना बिखरना
और सख्त कदमों
इरादों में बँध कर चलना
दोनों में अन्तर है

अपने भीतर
और
बाहर
चलते व्यक्ति की चुकती साँसें (भी)
माहौल गर्म किये हैं
अनगिन सितमों की फेहरिस्त पड़ी है
यहाँ
चलते-फिरते
इस रैन बसेरे में
चारों ओर ठंडे टीनों के पर्दे में
बेसुध नंगे पड़े हैं पखेरू उड़ने को
उड़ने दो !

अपाहिजों-रोगियों-अपराधियों के ये
बसेरे

सज़ा भोगते
कैसे
कैसे तोड़ रहे हैं
कड़े ज़िन्दगी के घेरे
चोट की ख़ातिर
तप रहा है लोहा धमन भट्टियों में

पैदल लाचारियाँ
हाँफती हैं नसीबों के दलदल में
धँसती करुण आँखें
फैली हैं
नक्शे पर
प्रतिशोध में
घूम रहे हैं
लाल सुर्खियों वाले
काले इश्तहार

यह लो !
ये कुछ और नैगेटिव्स हैं

चोर पाँवों आकर कोई
काली कम्बली डाल जाता है रातों-
रात कुत्तों की नींद सोये ये
जग न जायें के भय में
दुआएँ बाँटते धुले सफ़ेद हाथ
या शहरी वाहियाती
घूमती है आवारा
—यह गँवारू गर्मी भी नहीं
नागरी ठंडापन बिछा है भारी
रात के सन्नाटे में

प्रेत-सा घूमता

आदमी की ठंड ढँकता आदमी

सगोती रंगों की महफ़िल सजाए
उजलेपन को बे-आब करता
बड़ा मनहूस है यह कालापन
नगर की धँसानों में गिरता देहाती
जूठन का पर्याय सँभाले खुश है आँखें खुलने पर
: यह मौसमी भाईचारे का भैंगापन है
या रंडीपने की टूटन
या जवानी की कड़ियल मौत लाचार

वैसे सदा ही ख़ौफ़नाक तो होते हैं
सुर्खियाँ बनने से रह गये
मुख्य-मुख्य समाचार।

आड़ा सरिया

कभी-कभी ही सही
टूटती तो है कमंद !

कि एक पारानुमा बिन्दु पर
चटख़ कर बिखरते हैं देह-बंध
ताप से भागता है पारा
फैलता। चमकता। तब लोग भीड़
हो जाते हैं
घास चरती भेड़
सींगों पर आती है
अनाज ढोता चींटा
घरेलू
        फाड़ लेता है मुंह
        प्रतिशोध में घिरी चिड़िया
भरसक चिंचियाती है भय में
चीर लेता है कोई
अपने वस्त्र और
ताप के सामने नंगा हो जाता है
ढलकी ढुलकी देह की थैली में
आड़ा सरिया डाल
        तन जाता है
तब नहीं झुकता कोई
        बातों से
डंडों

ठोकरों

गोलियों या लातों से

नहीं टूटता लौह सरिया

अतिरिक्त ताप से ही

सुधारी जाती है हर पुरानी भूल

कभी-कभी ही सही

टूटती तो है कमंद

और सिर को आती है पैरों तले बिछी

मरती हुई धूल।

दुःखता हुआ दाँत

सफ़र
        अच्छा तो लगता है
        कभी-कभी
पर अपने से
        दूसरों तक का विस्तार
        और इस जैसा बहुत कुछ
चुभता रहता
        है व्यवसाय और
        शुभ लाभ में फलती आकांक्षाएँ
        सजती हैं प्रदर्शनी में
और
इधर—
        बस्ती के ऊसर में जन्मा बबूल
        वाक़ई दुःखदायी है
अपनी दरिद्रता में
बाड़ी की मुंडेरों पर खड़ा
        होता है
या कट-बंट कर
        ईंधन बनता (हुआ)
        हर मौसम में लाचार
चलती है हवा
पर यह मूर्ख
जब देखो
मुस्तैदी से एक ही जगह खड़ा

(रूखेपन से ही सही)
न ताली बजाता है
न आँख बिचकाता है
सफ़र अच्छा तो लगता है
पर कभी-कभी
कीड़ा लगा दाँत
अचानक दुःखने लगता है ।

गुज़रते हुए

तुम्हारी ईमानदारी का जो भुरभुराता हुआ
किनारा है
वह अभी लोगों की निगाह में नहीं है
दो समान ऊँचाइयों
पर बैठ समागम में व्यस्त
तुम विदेशी वस्तुओं की चर्चा कर सकते हो
मोमबत्तियों के ढलने या पिघलने के क्रम से गुज़रे
थके हुए तुम
सोते समय बत्तियाँ बुझाना न भी भूलो
तो भी अगले दिन समय पर नहीं उठोगे
यही सिखाती है सुविधा !
तब तुम कहाँ हो ?
स्वरति तो तुम्हारे जन्म में बिंधी है
झिल्ली नहीं कि उतार फेंको
और धरती में गाड़ दो !
ज़िम्मेदारी को बच्चे की तरह गोद में नहीं भी उठाओ, नहीं भी पुचकारो
तो भी ज़रा सीटी बजा कर उसे टालते हुए
मुस्करा तो सकते हो
कि तुम्हें भुरभुरा कर गिरते हुए
या गलते हुए कोई साफ़-साफ़ न देखे
और तुम आसानी से मुस्कराते हुए
गुज़र जाओ…

लंच पर झुकते हुए

कहने को बहुत कुछ होते हुए भी
कहने के लिए
चुनाव करने
और करते रहने के बीच
घिर आती हैं
उप-पत्तियां
जैसे लंच-बाक्स खोलते ही बढ़ आए
कोई बे-झिझक बे-तकल्लुफ़ हाथ
ऐसे ही बे-मौके की दुर्घटना हो सकता है
उड़ीसा का तूफ़ान
या पड़ौसी देश में क़त्लेआम
आदमी सोते भी हैं
और चलते भी
ठीक चलते रहने के लिए…
क्या कहें ?
सब मजबूरियाँ होती हैं
ऐसी ही
महत्त्वपूर्ण
और एक साथ गिरती हैं
फट कर
कि संभलते
न संभलते
उग आती हैं वारदातें
या ऐसी-वैसी बातें

तब समय खिंचता है लम्बा
रबर का फीता। आज
कौन करता है स्थगित
यात्राएं
सभी करते हैं
बाद में फिक्र
किन्तु खाने पर जुटे हुए
न जाने क्यों घेरे रहती हैं कमबख़्त (!)
नुकीली आँखें
जो व्यग्रता से केतली के पेंदे में बची
चाय के लिए करती हैं इन्तज़ार
और व्यस्त रहने के अंदाज़ में
कमरे के बाहर कौओं को उड़ाती हुई
झाँक जाती हैं भीतर
यहाँ चल रही हैं चर्चाएँ
उड़ीसा के तूफ़ान की
पड़ोस की
युद्ध और यात्राओं की···

गिनती भूलते हुए

दिन से रात। और
फिर रात से दिन
मूर्ख की तरह कौन
खुजलाता हुआ देह तलख़ी में
खाँसता मुँह लाल कर लेता है
या गधे-सा दौड़ता है दुकड़ी चाल
कभी शीशे के सामने
इतमीनान से खड़ा
चेहरे पर बढ़ती सलवटें भरता
गिनती याद करता है या स्वयं को
आँख मार लेता है
या फिर नाक में से झाँकते बाल को
कल पर टालते हुए
(जल्दी में)
दफ्तर चल देता है
मसलन—
स्कूल से भागे बच्चे का
पीठ पर बस्ता लादे
(पार्क में)
झड़े पत्तों पर खेलना
उदास होना
मित्रों के नाम और पते याद करते
अचानक समय देख
नहाने चल देना

चीज़ों को यों ही रहने देने के अंदाज़ में
पर्दा न गिराना चाह कर
अपने अभ्यस्त हाथों पर्दे सरकते देखना
किताबों पर से धूल झाड़ते
ऐनक का मोटा शीशा देखने लगना
यों ही कहीं न देखते हुए
        देखता हुआ मान लिया जाना
हाथ की पोरों में थकावट और आँखों के शून्य में
लड़की जैसी चीज़
        —किसी स्थिर बिम्ब का पीछा करते
        घुटने का खुरंड छीलते
        एहतियाद और मीठी ख़राश में बढ़ते
        ठोकर खा जाना
या फिर सब कुछ को भूल कर
मित्रों के चेहरे में देखते
नाक से झाँकता बाल दिख जाना...
        ज़रूरतों के बाहर
        या ज़रूरतों के भीतर
        ये कैसी ज़रूरतें हैं
        जो ग़लती करवाती हैं
        जिनका हिसाब लगाते हुए हर कोई
        हर बार गिनती भूलता है ?

पर्दा बदलते हुए

कभी होता है
ऐसा भी
कि स्थितियाँ, सुविधाएँ और वस्तुएँ
आपस में टकरा कर देती हैं आकार एक भाव को
जो भीतर मुरचता रहता है लगातार···
वैसे टूटने का भी एक क्रम होता है
लोग सिर पर से हैट उतार
एक बार सिर झुका ग़म में
आश्वस्त हो लेते हैं
या कोई आस्तीन से आँसू पोंछता हुआ
उलटी दिशा में चल देता है
चुपचाप
या फिर मुट्ठियों में तोड़-फोड़ को भींचे
घूमता है गली-गली
या पहाड़ी के पीछे से उठकर
धुआँ उगलती दिशा से आयी
घबरायी लड़की
अकेली खड़ी होती है प्रतीक्षा में
सड़क के किनारे
या गाते हुए मज़दूर
बे-ख़बर
उतर जाते हैं खाईयों में
या कोई ऊँचाई के उस बिन्दु पर पहुँचता है

जिसके आगे पक्का मार्ग
टूट कर पगडंडियों में बिखर जाता है
या पिता के क़त्ल की पैरवी करते
कचहरी में
सरकारी कोष से वापसी-किराया पा कर
कोई खुशी-खुशी लौटता है घर
मौसम तब कुछ नहीं होता एक रंगीन पर्दे के सिवा
ज़िसके पीछे छिपा जा सकता है
या उसे मला समझ कर
उतार फेंकते
या बाहर निकल
मोड़ पर आ खड़े
होते हुए…

देह छोड़ते हुए

वस्तु पदार्थों के
अति निकट
होने वाली थरथराहट को
महसूस करते
महसूस करते हुए लगातार फैलता रेगिस्तान बाँध
क्या करोगे ?
तब छोड़ो
अपने ही वक्ष में देकर हाथ पहले
सच-सच बताओ
कि धड़कन की लय में तुम कहाँ तक जा सकते हो ?
यों तो
पत्थरों में भी सिमटी मिलती है सनसनी
तब वृक्ष होना क्या लाज़िमी है ?
अपने ही रक्त का कुल्ला करते
सद्‌भाव को बे-रहमी से चबाते
असमय ही पथराते हुए
चाहे तुम्हें कोई न देखे
पर अपनी ही नज़रों में तुम क्या हो ?
देह से श्वास तक फैली ऋतु पर
क्रूरता से उतरते हुए
सब कुछ को ठोकर मारना
उतना सहज नहीं !
वस्तु और वस्तु में
भेद होता है

जैसे देह और श्वास के बीच
असीम विस्तार
कोई झटका नहीं कि तोड़ फेंको ख़ामोश
एक पूरा क्रम है
जिसके हाथों में पड़े-पड़े गलना
जाने-अनजाने घावों-सा रिसते रहना
कुछ दूर तक ही सही
साथ-साथ चलना
चलते रहना
तब पहचान
और वृक्ष के सन्दर्भों में बंधे होने के एहसास से जुड़े
तुम
फिर से सोचो
और सच-सच बताओ
कि अपने विरुद्ध क्रूरता की लय में तुम
कहाँ तक जा सकते हो !

बद्‌दुआ वाला हाथ

अब की बार
भीतर से उठा था चक्रवात
और पैंठते हुए रक्त तक
पहुँच गया था नशीले ज़हर का असर
घुटनों तक
कि साँस
साहस
और जोखि़म
पैरों में आ गए थे
अबकी बार
मदहोशी में गल गए थे कोमल अंग
और दल
और मतदाता ठूँठ रह गए थे
वारानों में घिरे-घिरे
लुटे थे। भरेपूरे। पहले
फिर अधूरे
फिर निपट नंगे
होते
होते
इस बे-होशी में
कि अपने ही हाथों में है आग और पानी और हवा
चाहे जिसे दे दें एक हाथ आशीर्वाद
या दूसरे हाथ बद्‌दुआ
अब की बार

लुटे और लुटेरे साथ थे
दिलासा और दग़ाबाज़ी के भुलावे में लोग
योजनावार छले गए। अपनेपन की चालाकी
और सत्ता की गर्म-जोशी में
        बार-बार
        अपने सिरों पर बद्-दुआ वाला हाथ
        धरते चले गए...

बच्चे, कविता और पेड़

प्रतीक्षा में
    उकड़ूं बैठे
    उछाल के लिए सदियों
    बैठे रह जाना
    भूमिका में
अनुकूल हवा न पाने वाली
खीझ का रूप
कलियों का चटख़ना नहीं
नाखूनों का बढ़ना है
    निरीह गुड़िया को पीटते
    खेल में
    रोंदची बच्चे-हाथ
    लाते हैं
    स्मृतियाँ जो : धूप सिंकी क्यारियाँ
    उदास झुकती शरद संध्याएँ
    उधड़ती सीवन कहाँ रुक पाती है
    चाह भर से ?
सब भी हरियाली शेष
टहनियों की लोच में
खिलाती है अंकुर
    साथ तैरते
    डूबते
    उतराते चेहरे
    और—

घुलता हुआ
आँच में आकृतियाँ बदलता
समय
जहाँ भँवर पड़ रहे हैं
चलती धारा के नीचे
ज़रूर गड्ढे हैं
घातक
ख़तरों में सिमटा
हाथों में उठा पानी
रहता है अँजुरी बना
सब ढलानें नहीं होतीं ऐसी
कि उभरें
इतिहास में गाँधी
कविता में कवि
हवा में पेड़
लगातार हिलते परिदृश्य में
हाथ-पैर मारते हैं बच्चे
कविता
पेड़
चलता नाव में
और
नीचे भँवर पड़ रहे हैं…

ख-खरगोश

लोग
      भुरभुराते
      पहाड़ों पर
      चढ़ते
      कहाँ पहुँचेंगे ?
पैरों में
समय के
भारी चक्के बाँध
कितना चढ़ेंगे (रपटेंगे)
      धौंकनी बाँध भागते
      समुद्रों। पहाड़ों। मैदानों पर बिछलता शीत
      : पीछा करता चक्र(—वात)
      कहाँ ?
      कहाँ नहीं !
गहन वनों की हरियाली में धूप को
कीड़ा लगा है
      (फैल रहे हैं नगर)
      और घुम्मनघेर में पड़ी कोई आकृति
      बार-बार
      हाथ मारती
      उतर
      रही है
      नीचे। हाँफता खरगोश
      अभी
      अभी
            उधर
              गया
                है...

सायरन बज रहा है

धरती में हलचल है
आकाश पक्षियों से भर गया
लोग दुबक रहे हैं
और पक्षियों के झुंड
मज़दूरों के रेले की तरह
आकाश में निकल पड़े हैं
        हाँफने तक फैली साँसों के सहारे
                सुरक्षा ढूंढ़ते
                बिखरते
नहीं !
यह पक्षियों का मौसमी स्थानांतरण नहीं है
वरना खुले पंखों के नीचे धुकधुकी
                इतनी तेज़ न होती
        वे पंखों को खुला-स्थिर छोड़ हवा में
        तैरते हुए चहक के साथ झोंक लेते
                        वृक्षों को देखते
आज इनकी चोंचें खुली हैं
ये ऊपर उड़ान भरते
        बराबर
        नीचे ताक रहे हैं
        (अपनी परछाईं से त्रस्त)
वास्तव में ही यह मौसम स्थानांतरण का नहीं है !
गयी रातों वर्षा और अंधड़ में
बड़े बरगद पर घिरे ये रात भर टिके रहे

सुबह पेड़ के नीचे बिलाव घूम रहे थे
तो भी ये इस तरह कभी नहीं उड़े

नहीं !
पहाड़ी उँचाईयों और आबोहवा ने
इन्हें नहीं खींचा
फिर भी
जेलों को तोड़ कर निकले कैदियों जैसे
ये कहाँ
कहाँ से निकल पड़े हैं ?
आकाश में ज़रूर जुम्बिश है !

युद्ध-प्रेत

अभी थोड़ी देर पहले
यहाँ बच्चे थे

बच्चे
हँसते
किलकते
खुशी में चीख़ते

आकाश में एक जहाज़ गुज़र गया है
इधर से
उधर

अब ! बच्चे कहीं नहीं दीखते

आलेख

स्तब्ध पुतलियों-सी स्थिर
नीरव हँसती वारदातों का क्रम
        : जलते नगर
        उभरते जंगल
        साँसों में बढ़ती
        लपटों की आपाधापी
कील ठुंकी आँखों में समय पढ़ता है
हाथों की भाषा
मैली रेखाओं में डूबती मानव लिपियों का इतिहास
                                        मौन
                                        मुखर

हलफनामा (१)

मैं जो कुछ कहूँगा
सच-सच कहूँगा
सच के सिवा कुछ नहीं कहूँगा !
हुज़ूर !
उस दिन ऐसा हुआ
कि धुएँ के बादल घिर आये थे
तपती ज़मीन पर तड़पता हुआ बच्चा
हँसता हुआ लग रहा था। वह
बंजर था
बाप सिर लटकाये
पैरों के नाखून देख रहा था
तीखे। बे-डौल।
तभी अचानक भीतर-बाहर टूटे बर्तनों की आवाज़
भर गयी थी। खाली कनस्तर में एक चुहिया
रात भर कूद-कूद कर मर गयी थी।
उस दिन हरियाली नफ़रत की तरह फैली थी और
सूखे खिंगर पेड़
आकाश की ओर अपने-अपने बाज़ू उठाए
दुआ में व्यस्त थे
हुज़ूर !
ठीक उसी समय गिरी थी गाज
और हरियाली जलने लगी थी
चीखों से भर गया था आकाश
छत बिलकुल ठंडी थी

और दिशाएँ पिघल कर बह पड़ी थीं
माई-बाप !
आपसे क्या छिपाऊं
मैंने मौसम को ठीक बीच में से कटते
अपनी आँखों से देखा है
किन्तु हैरानी है
कि खून का एक क़तरा नहीं गिरा
यह ठीक है कि मेरे लोग भी पास खड़े थे
दरअसल वे पिघली हुई दिशा से
रेंगते हुए आये थे
और उनके हाथों में
मौसम का दूसरा सिरा था ।

हलफनामा (२)

हाँ तो,हुज़ूर !
मेरी दृष्टि में वही जलती हुई हरियाली थी
कटा हुआ मौसम
और सिर पर मँडराते
धुएँ के बादल
मुझे उकसा रहे थे
अब मैं एक स्याह पेड़ से बँधा था
उन्हें मेरे बँधे होने का एहसास गुदगुदा रहा था
इसी बीच वे दुःसाहसी
और निःशंक हो गये थे
अकेला बँधा मैं
किसी भी हीन स्थिति को पार करने की तैयारी में
चल रहा था
ऊपर
पेड़ की शाखाओं पर
गीधों की बीटें साफ़ दीख रही थीं
मुझे उनके पुनः लौटने का भय
सता रहा था
सूर्य मेरे बायें कंधे पर झुकता हुआ डूबा था
दरअसल
बड़ी ऐहतिहात के बावजूद
मैं अपने उसी पुराने घर में
छिपा हुआ पकड़ लिया गया था
सच कहता हूँ, जनाब !

वे मेरे लोगों की तलाश में थे
पूरा दिन लुका-छिपी चलती रही
गोलियों के धमाके
मेरे शरीर में उतरते रहे। मैं
दिन को डूबते देखता रहा

कैसे बताऊं साहब !
वह दृश्य बड़ा खौफ़नाक था
जब गीध लौट रहे थे
पूरा पेड़ काँप रहा था
और वे डैनों को तौल-तौल कर
रात भर का सन्तुलन साधते
टहनियों पर झूल रहे थे
इस परकोटे में
वह पेड़ था। पेड़ पर ऊँघते
गीधों का झुण्ड था
बीच-बीच में ख़ामोशी को तोड़ने वाली
उनके चौड़े डैनों की फड़फड़ाहट
के नीचे मैं था जगा हुआ
भीतर सुलगते घावों को सँभाले
उन्होंने मेरे मुँह पर कुल्ले मारे थे और
घुटनों पर ठोकरें

मालिक !
उस समय मैंने अपना ध्यान
धर्मात्माओं की ओर लगाया
पूर्वजों के पुण्यों का स्मरण किया
और वंशावली गिनता रहा
फिर दिनों-महीनों -
वर्षों पर होता हुआ
केवल मौसम पर अटक गया

यह भाव भी इतना खिंच गया कि
खीझकर मैंने उसे भी छोड़ दिया
और अपनी छोटी-बड़ी यात्राओं को याद करता
गीधों को देखता रहा

मुझमें
सारी सम्भावनाएँ बेचैन थीं
विवशता में
उन्हें मैं
जगाए हुए था
ताकि अपमानित ज़हर का ख़ून उनके मुँह लगे
और वे एकदम भड़क कर बुझ न जाएँ
इसलिए धीमी आँच पर उन्हें
अँधेरे में तपा रहा था…

चलन हवाओं का

तब भी
हवा थी
रात की रोशनी की तरह चटख
पर साँसें सोखती
वृक्षों के नीचे चुपचाप रुककर
निकल जाती
फर्राट

वर्षों !
वर्षों के प्रतिकार ने एक स्वर
एक जान उसे काटा
लोगों को अब
अपने श्वास-सी बहती हवा से
सरोकार था
अपनेपन से शायद
बहुत प्यार था
खोज में साँसों जगते
रातों खपते
वे कटे सिर को पहचान की तरह उठाये
टूटे बाजुओं को सम्भाले
वास्तव में भटक गये
तब जो एक हवा बँधी
प्रतिकारों के रहते
रहते ही बँधती गई

वह ऐतिहासिक भूल की तरह
बाद में सामने आयी
पहले वह महारनी दोहराती रही
एक ताल
एक लय
उन्हीं के स्वर में
सिर्फ़ कदम मिलाकर
साँसें गिनती

वृक्षों के ऊपर-ऊपर खेलती
पौधों को चटखाती
छिनाल
दनदनाती हवा
इस बीच उगी
पूरी की पूरी फ़सल
काट ले गयी

श्वास नहीं
धौंस की तरह

अब भी !
हवा है !
चलती भी है !
और कोई प्रतिकार नहीं !

पानी का स्वभाव

(प्रदर्शनी देखकर)
तितल्ले की रेलिंग पर झुका
नीचे देखता व्यक्ति
खुश है
—'वह ऊपर उठा है !'
किन्तु ऊपर चीलें
और नीचे जंजाल फैल रहे हैं कितने

धूप-धूल की मार खाये
तपे चेहरे
भ्रमित आँखों उन्नति आँक रहे हैं
पलकों पर ग़र्द ओढ़े नंगे पाँव चलते
उचक-उचक कर झाँक रहे हैं

यह मेला। रेला
सरल साँसों का ऐसा शिकंजा है
जो हर वस्तु को मज़बूती से जकड़ता है
और स्वभाव तो पानी का बहाव है
जो नीचाई को जल्दी पकड़ता है

तब बिचौली निष्ठाएं
तितल्ले पर
कब तक रुकी रहेंगी ?
कब तक ?

नई शुरूआत

ओढ़ी हुई खालों के नीचे
दृश्य-सत्यों की माला जपते
कितना नीचे उतर गया है देश ?
यों कविता की धौंकनी में हवा भरने
'अपनेपन' (अपने फ़न) पर
मरने की छूट है
सत्य तो सड़क पर बुहारी देता
अछूत है
जो सुबह रोशनी से पहले ही
ख़ामोश में हट जाता है
राजसी दम्भ के नीचे पलता
फफोला बन गया है व्यक्ति
कि सचाई की ज़हर-बुझी नोंक पर
धरे जाने का भय
पारे-सा काँपता है भीतर
सिर के ऊपर से गुज़रता हवाई प्रदर्शन
आँखों के आगे दहाड़ती दैत्याकार मशीनें
टैंक
तोपें देख
नागरिक साहस
पैरों के मध्य चलती सुरक्षित
हवा हो गया है
क्यों न इन सुरक्षित बेड़ियों को तोड़ने की
नई शुरूआत हो
सत्य की आँखों में देख
सीधे-सीधे बात हो
हम में कौन
इतनी जड़ता बो गया है ?

हिमालय की तराई में

उधर गिरती है बर्फ़
इधर
ठंड व्याप जाती है
तराईं में
मैदानों में ठिठुरन
चुग़लखोर मौसम ही
ऐसा है
स्वयं घरौंदे ढहाता है ढीठ
और साफ़ मुकर जाता है
सफ़ेदी की तरह
व्यक्ति विश्वास पर जीता है
और विश्वास
पिघल कर
क्षीणतर
हो रहा है
तरल
बहता पानी
रमता जोगी
: निचाट पर ढुलकता
कई रंगों में बिखरता
कौन कहे रक्खे को
कि रक्खामल
मौसम आया नहीं
चला गया

खेत उजड़ रहे हैं यहाँ
जंगलात में शिकार खेलना वैध
हुआ है जब से
इतमीनान रख
        तू ही अकेला नहीं छला गया
सब के संग मरना
आसान होता है
        यों

रक्खे, उठ !
घर की टूटन में नहीं
हिमालय पर चढ़ता हुआ गल
ठंड की तरह मत फैल
विश्वास की तरह मत पिघल
रक्खे !
    मत माँग
        अवसर की भीख
        कौन देता है ?
    मूर्ख !
    इस मौसम से
        कुछ तो सीख !

सीधी कार्यवाही

यह ठीक है
कि पुराने खोल में से निकल कर
इधर तुमने नये संकल्प लिये हैं
किन्तु मरोड़ खाती शंकाएँ ख़मदार
अभी भी बीच में पड़ी हैं
और तुम अभी तक फिसड्डी संकल्पियों से घिरे हो

यह भी ठीक है कि तुमने
कई-एक विषैले प्रश्नों के फन पर
अपने दृढ़ पाँव धर दिए हैं
किन्तु इनके नथुने
तुम्हारे सामने नहीं

पानी की धार तेज है
तुम वक्ष तक डूबे हो
और तुम्हारी ईमानदारी
अभी काफ़ी दूर तट पर खड़ी है
किन्हीं उच्चकों के साथ

समझौतों की वफ़ादारी में भौंकते
घुच्ची आँखों वाले अपंग कवि
चकलों का चलन और दारोगा की धौंस के पीछे
चमकती लुका-छिपी का सुरक्षित तंत्र
—बारूदी सुरंग से जोड़ो
वेश्यायी चलन छोड़

धारा को सीधे तोड़ो
बीच से
छिनाल मौसम की मुर्दार गुटर-गूं
और सड़ते हुए घावों को भेड़िया-जुबान से चाटो
पुराने अख़बारों
और भर चुकी कॉपियों से व्यर्थ लोगों को
रद्दी की तरह छाँटो !

पूर्व राग

न
घृणा योग्य नहीं हैं ये !
समय के माथे की सिलवटें गिनते
स्व-अर्थों में लगे
        खो   खो
        खेलते
        ये पात्र
        घृणा के नहीं हैं !
ज़रा रुक कर
इनकी भूमिकाओं के पार देखना
        वाज़िब होगा
बाग़ में जड़ी ठंडी पत्थर की
इस बेंच पर बैठकर ज़रा
इतमीनान से देखो
        उचटती पपड़ियों की बौछार में फंसे
        पार की धरती पर
        चक्कर काटते धूल के बगूलों में
        उड़ते ये तिनके   अभी
        कहाँ
        कहां बैठ रहे हैं !
यह तोड़
फोड़ ?
न,
रूखे-सूखे

बीजों का चटख़न है
मिट्टी की आपाधापी में फूटे स्वर हैं
ये राग
        पूर्व स्वरों की खड़-खड़
        मात्र
जलतरंग
ऐसे ही नहीं बजती
द्रुत-विलंबित पर
चलने से पूर्व
स्वर-संधान की ऊब में थोड़ा रुको
        अभी और रुको
        थोड़ा और
        लयांतराल में
        मानव इतिहास के हाशिये पर
        यह
        राग
        पूर्व की भूमिका है !

जल-यात्रा

छोड़ो !

अब तो पानी के ऊपर सिर्फ पाल बचे हैं

नावें सब डूब गयी हैं

यात्रारंभ पर आँखों में क्या-क्या संकेत थे महाशयों के

स्फुरणों में खुलते स्वप्न

उमंगों के

तभी लम्बी होती रात में

जलदस्यु

छायाओं-से पीछे लगे थे

जल-प्रवेश पर क्या संगीत था लहरों की थापों का

अपूर्व

आकाश में पंखों की फड़फड़ाहट

तनी थी

यात्रा पर निकले थे हम !

रातों में भटकते उस प्रभात में

दस्यु हमारे बीच विद्यमान थे

पाल थामे

हम निपट नादान थे। सच !

अब !

तोड़ो

फिर से कार्य-

क्रम

रचो नये

दस्यु-रहित यात्राओं के

ये पाल हवाओं को बहला नहीं पाये

सचमुच, ये पाल हमें रास नहीं आये !

शोक नदी

हिमालय के ढलानों को रौंदती
नीचे उतर रही है शोक नदी
कैसे
कैसे बचा हुआ है जीवन
और जन और हरियाली
सोचता है
हैरत में हिमालय
बरसों से
बरसों से गिर रही है बरफ़
शिलाएँ जब
फ़िसल कर
गिरती हैं
भारी
उथल-पुथल
टूटने की आवाज़ें
उभरती हैं
वन-खंडों में हिंसक गरजनें
थर्राहट के नीचे
बची दूब भयभीत चुप
है
ठीक वैसी ही गरजना सुनाई दे रही है
क्रमशः
तेज़ होती
गहरी खाइयों को गुंजाती

पसर रही है शोक नदी मैदानों में
पहाड़ी तीखी ढलान ने जंगली बना दिया है इसे
अभी कुछ अरसा ऐसे ही बहेगी
इसका रूप और स्वभाव
और जंगली होता जायेगा
यहीं से लाँघना है मुझे इसका पाट
नीचे छिपी शिलाएँ ओझल हैं नुकीली
झाग बनातीं
वंचक
बहु-रूपी
बहु-मुखी
जंगली आग की तरह सब कहीं फैली
है झाग
सघन
चमकतो
दूधिया
: ओझल हैं शिलाएँ
बहुत से भय ऐसे भी होते हैं
जिन्हें दुस्साहसी
वक्ष पर ढोते हैं
मुझे ढोनी है यह नदी
काटनी है इसकी विकट धार···
मेरे भीतर भी उभर रहा है एक वैसा ही
गर्जन और शोर
घाटियों में उतर फैल
अपनी जल-धाराएँ
बिछाती
टोह लेती नदी जैसा ही
उसकी सफ़ेदी मेरी आँखों में चुभ रही है
उसकी विकटता मेरा साहस घड़ रही है
मेरे सामने पोर-पोर

रेशा-रेशा
उधड़ रही है नदी
अपनी महिमा में
शिराओं को बाँधती
लपेटती
साँसों में छितरा रहे हैं जलकणों के बादल
और मैं उद्दण्ड हूँ
राष्ट्रीय शोक की धुन
बज रही है आज
कविता शोकमग्न है
नरभक्षी शेरनी-सी गरजती नदी
झाग और बुलबुलों को लिये-लिये
देहातों में डूब रही हैं इसकी क्षीण धाराएँ
: मद्धिम
धीमी
गँवारू अनमनी रोशनी-सी
: सब कहीं सीलन व्याप्त है
तेज़ धार में पाँव टिकना कठिन
उछलना आसान है
धारा में फँसा आदमी अवश बहता है
उसका बाहर आना अपने नहीं
धारा के वश में रहता है
आज धारा में फँस गया है देश
और
मैं और
नदी शेरनी-सी गरज रही है
वक्ष पर
यह नदी आगे और भी खूंख्वार
होती जायेगी मुझे मालूम
है वही
खूंख्वारी मुझे

इसके पास लायेगी
और मैं
धारा को काटता हुआ
उतना ही खूंख्वाार
उतना ही विकट
विकराल…
अत्यन्त दुरूह उपधाराएँ
नगरों
उपनगरों को घेर रही
हैं गुर्राती और छींकती
लहरें
बुलबुलों और वहशी लहरों का तानाशाही साम्राज्य
उभर आया है
जिसमें व्यक्ति-समूह
उतर गये हैं
चुपचाप
नदी की थापों में
फौजी बूटों की पदचाप है
पानी के तमाचे
मौत का खेल
पूरी क्रूरता से खेला जा रहा है
और एक शोक-धुन
बज रही है
नदी नीचे उतर रही है
अभी और

मन्यु

नहीं !
खाली नहीं जायेगा
यह तीर
पूत
श्वास-फुंका
आह-सिका
शक्ति-बाण
दिशाओं को घेरता
गुंजाता
अर्राता
टूटेगा ऊपर

शंख-ध्वनि हो रही है
लगातार
एक तान
टूटेगी तब
घमासान
बियाबान होगा
पंजे घिसते सियार खिसियायेंगे
बूढ़े गिद्ध उड़ान नहीं भर पायेंगे···
चील झपट्टे का मौसम है
और बच्चों के हाथों में
रोटी नहीं
पत्थर हैं

सिरों पर बँधी पट्टियाँ काली
दोग़लेपन और दुनाली नीतियों के चलते दौर में
एक सीमा है अवश्य
अवश चलते जाने का क्रम दुर्घटना में टूटता है
यह कुरुक्षेत्र
नहीं !
न पानीपत
हर घर में छिड़ा हुआ युद्ध
कविता में उतर आया है
हर व्यक्ति
अपने ही मोरचे पर पस्त है अपने ही राग में
नेता व्यस्त है
नेताअ न्यायी है
नेता अत्याचारी है
नेता को हटाओ !
घुमड़ रहा है घर-घर में खाली
थालियों का शोर···
गांव-गांव
नगर-नगर
नाजायज़ इच्छाएँ
परचम गा रही हैं
लोक-तंत्र की सभाएँ
भंग की जा रही हैं···

तनाव और घेराव में
मन्यु अभी घर नहीं लौटा
हाय-हाय के सुरों में भटक गया है बेचारा
सँकरी गुंझिल पगडंडियों में उलझता इधर-उधर की बहसों में,
उत्तेजनाओं में, दलीलों में, दिक्कतों में
उसकी दृष्टि में पेड़ पर बैठे पक्षी की
आँख, नहीं, पूरा पेड़ है

मन्यु परेशान है आँधी में
झोंक लेती टहनियों पर
पक्षी झूल रहे हैं
या झुला रहे हैं ?
पेड़
(पेड़ है ! पक्षी)
पक्षी है !
दोनों झूल रहे हैं !
आँख कहाँ (?)
यह नाभि है !
युग उलटते हैं—द्वापर
त्रेता
त्रेता
द्वापर
कलि ··
मन्यु व्यूह में फँसा
चक्कर खा रहा है
घमासान में सोचता हुआ लहूलुहान हो
लड़ता जा रहा है···
वह निष्कवच ही घर से चल दिया था क्रुद्धात्म
प्रतिशोध में जलता
स्वचालित अग्नि-पिंड
—(यह कहाँ ?
टकरायेगा !)
कहाँ-कहाँ टकरायेगा ?
कहाँ कहाँ कहाँ टकराता जायेगा ?
तोड़ेगा !
टूटेगा !
और तोड़ता-टूटता जायेगा !!
कितने मोरचे ?
इतने घमासान !

मन्यु निष्कवच है अभी
अभी इधर गया है…

वह उलटे पाँवों दौड़ रहा है सरपट गोलियों की बौछार में छितराता
चिट्ठी चिट्ठी बिखरता
अख़बार का सुर्खियों में छपता
या साहस को उलटा पहन खिसियाता हुआ सीटी बजाता
या नंगी तसवीरें देखता खुश जवान खुशबुओं में लिपटा
मदहोश
उत्तेजक धुनों में गिरता-झूलता
कहाँ है अँधेरा ?
सब कहीं रोशनी है, आँखें हैं, नाभियाँ हैं,
नदियाँ हैं, नावें हैं
बहते हुए लोग हैं : ढलानें हैं
पहाड़ हैं : चढते-
गिरते लोग हैं : हर ओर
बिखरे
खण्ड-खण्ड
अंश-अंश
लोहित अँधेरे में निखरे
ये जीवित घूमते स्तूप हैं
उपेक्षित
पुरा-अभावों के सहचर
दुष्चक्री निष्ठा में बंदी
ये मेरे ही रूप हैं…
मन्यु देख रहा है
(चमक आँखों)
दृश्य-सत्यों की मदिरा में डूबा हुआ
छोटे रंगीन अँधेरे के घेरे में
न पेड़ (है), न पक्षी
मौज है, मदिरा है, मस्ती है

इतिहास की थकी छायाओं का आगमन
आदिम रागिनियों का तुमुल नाद
घने जंगलों में रात का भयावह सन्नाटा
अनाप-शनाप बोलता
मन्यु झपकी ले रहा है
अब उसकी आँखों में
तिर आये पानी में गैस घुल रही है
जगह-बेजगह नुच आयी खाल में
कसकती दर्द की परतें
ढीली हो रही हैं
मन्यु गीली होतीं पलकें झपकाता है···
स्फीति-ग्रसित जीवन आसंगों में
भर गयी बहुमुखी वेदना—
उमड़ते हैं समुद्र : लोग जागते हैं
अचल हैं पर्वत : लोग अडिग हैं
व्यूह भंजन से पूर्व
स्वांत संघर्षों में रुके-रुके
सहेजते हैं—बल-विक्रम
स्वयं पर क़ुमान-से झुके-झुके···
उठ रहा है मन
अदम्य वेग में पुच्छलों के
दिशा-व्यापी
मन्वन्तरों की यात्रा में परिक्रमा करता
विभेदक स्खलनों को चीरता
पाटता
अभेद्य को बेधता समूह-मन
—मन्यु स्वीकारता है युद्ध
मन्यु ललकारता है क्रुद्ध
बायें हाथ अणु-विस्फोट है, धूल है, धुआँ है, प्रचार है
दायें हाथ शिखर- वार्ताएँ हैं, योजनाएँ हैं, फिर भी लाचार है
क्षण-क्षण भाव टकरा रहे हैं.

पल-पल समझौते लड़खड़ा रहे हैं
कहीं अपने मन की अफ़रा-तफ़री है
कहीं मज़हब की
दीन है
कहीं
कहीं दौलत
(सब बाहर है अभी)
बाहर की लड़ाई में ढेर होता मन्यु
लड़ता जा रहा है...

गतियों और अतियों की
लड़ाई में संख्या का अंतर है
संवेद्य का भेद है
तब
मन्यु कब तक लड़ता जायेगा
यह बाहरी युद्ध
भीतर कब आयेगा ?
संघर्ष के जन-जन
मन-मन विचलित-भ्रमित नक्षत्रों के घेरों से
कब निकलेगा ? कोटि-कोटि
अंतर-आंतरों को छेद
सूक्ष्म-तीक्षण गतिगामी ये प्रहार
चल रहे हैं अविच्छिन्न
स्तब्ध-हत प्रकृति में
मन्यु है कृष्ण, मन्यु दुर्योधन
मन्यु है सेना अक्षोहिणी
मन्यु अर्जुन, मन्यु अभिमन्यु है
मन्यु मोह—मन्यु विमोह है
—मन्यु संघर्ष है सतत
अविकल युद्ध ही मन्यु है...
सदल-बल उतरेगा

नक्षत्र पथ से सीधा
ऊपरी कक्षों को लाँघता
घिरेगा विमुक्त
अपने बाहुओं में
स्नेह-विह्वल मानवी उच्छ्वास में
बाँधे नहीं बँधता जो
फैल जाता है लतर-लतर
दिशा-दिशा
अनुमोदन में नम
मुस्कराती है प्रकृति
काँपते ओठों, मौन-मुखर
स्वागत में···

स्व-अर्थों की धूमिल पगडंडियाँ
डूब रही हैं संघर्षी शब्दों की गोधूलि में
रंगों की क्यारियाँ
खिली हैं
गाढ़ी—मद्धिम—मद्धिमतर
परिवेश की परतों में
तेज़ चलती हवाएँ
सभी को छील रही हैं
ज़बरन
गर्म-सर्द
साँस-साँस खिले फूल घिरे-घिरे
कुम्हला रहे हैं छितराए विषैले बादलों में
—यह कैसी धर्मिता है वायु की
जो नीचे उतरा रही है
फूल-फूल साँस
आह बनती जा रही है
ये कैसे विस्फोट हैं ?
जीव विषण्ण हैं सागरों के

ये कैसे स्फोट हैं ?

: कण-कण विपन्न हैं भूधरों के

दूर कहीं—

स्याह काली बीभत्स में घुलती हरियाली है शेष
अधजली चिता से उठती सीली गीध-गंध झपटती
ताज़े कटे घाव पर तिक्त घोल की परत-सी जिह्वा
मृत नाद की कंदरा में मचा कोहराम और
स्पर्श-शून्यता में झूलती चीथड़ा देह
यह एक दृश्य है जो साथ चल रहा है···

कहाँ है ?

स्पृहणीय जीवन-दृश्य
कहाँ है ?
धमाके में उड़ा-उड़ा
सुलगती दिशाएँ
उचकती लपटें-लपलपाती
केन्द्र-च्युत छूटते आयुध···

× × ×

यहाँ बाहर

सब कहीं सागर हैं विषैले
पानी ही पानी है उत्तप्त
लहरें ही लहरें हैं क्रुद्ध
नीचे बिछी निरीह खामोशी

और भीतर

सब कहीं फैला रेगिस्तान है जलता निर्धूम
रेत ही रेत है लाल
झुलसती कराहें हैं

इस ख़ामोशी
और कराहों में उगी

दुर्गम ऊँचाइयों पर चढ़े लोग
दुर्घटना में घिरे व्यस्त हैं,
अस्त हैं

या अस्त-व्यस्त हैं ?

कहाँ है न्याय ?

सुरक्षा कहाँ है ?

मानवी उच्छ्वासों में समता कहाँ है ?

यों बाहर-भीतर

अविराम एक युद्ध चल रहा है

मन्यु बँट रहा है

मन्यु घिर रहा है

मन्यु मर रहा है

मन्यु जी रहा है

मन्यु लड़ रहा है

मन्यु बर्फ़-सा गल रहा है

मन्यु पानी-सा चल रहा है

मन्यु बाढ़-सा फैल रहा है

उद्दण्ड उच्छृ खल

मन्यु सीमाएँ तोड़ रहा है···